ESPINAS DE ADOLESCENCIA

amazon

Autor-Editor:
© Héctor Vásquez Núñez, 2020.
Jr. El Portal Ca. 5 Mz. D Lote 09
Urb. Residencial El Portal – Carabayllo

© Diseño e ilustración de cubierta: Héctor Vásquez Núñez
hector.vasquez.web@gmail.com
Lima-Perú

Primera edición, julio 2020.
Tiraje: 1500 ejemplares

Hecho el Depósito Legal en la Biblioteca Nacional del Perú N° 2020-04229.

ISBN: 978-612-00-5222-8

Se terminó de imprimir en octubre del 2020.
Amazon.com, Inc.
410 Terry Avenue North, Seattle, Washington, 98109-5210
Estados Unidos

Espinas de adolescencia

HÉCTOR VÁSQUEZ

ISBN: 978-612-00-5222-8

A esa Luz que nos guía de lo lejos,
a esos fragmentos espontáneos y miríficos;
a los que nos brindan aliento en la desesperación,
al calor sincero de sus latidos,
a su eterna incondición. A la que me abrigó
en su bendita vientre.

A:
Sixta Núñez Vega,
a mi padre
y a todos mis hermanos.

Índice

Prólogo

"Espinas de Adolescencia" es una colección de poesías (2004-2017), de temática sentimentalista-reflexiva, intimista y personal. Se describe en su contenido la etapa y el trance de la adolescencia. En ellas están latentes sus dudas, sus frustraciones, sus pasiones, sus angustias, sus esperanzas y sus motivaciones. Es una colección de 61 poemas que se presentan enmarcados dentro de un fondo surrealista, a través del cual busca envolver al lector en un contexto místico; pero, llena de realidad que quizás le hará viajar por un instante por aquella etapa de su adolescencia, en donde era testigo viviente de aquellas situaciones similares a la que se describen en algunos versos de este poemario.

El libro se compone de dos etapas, en las cuales se evidencia la evolución, las experiencias y las vivencias del autor.

La primera etapa se titula *Espinas de adolescencia*, mismo nombre que lleva por título el presente libro. En esta etapa, se muestra mediante los versos, la adolescencia más temprana, experiencias en el plano sentimental y la manera de pensar del autor.

La segunda etapa se titula *Luces negras,* aquí, el autor manifiesta una etapa más madura de su adolescencia y la transición a la adultez. Muestra un léxico más consolidado y en ocasiones complejos para expresar sus sentimientos y vivencias a través de versos mezcladas de realidad y ficción.

Este libro reúne los mejores poemas de amor y de vivencias de la etapa de la adolescencia del autor, envueltas con un fondo de misticismo y fantasía.

"UNIÓN"

La ilustración representa la lucha de una familia que a pesar de los obstáculos siguieron luchando para conseguir un mejor futuro; esta lucha estuvo acompañada del apoyo mutuo entre hermanos, todos ellos guiados por el amor materno, quien supo encontrar la fortaleza al quedarse sola al perder al ser amado, al padre de sus hijos.

HÉCTOR VÁSQUEZ

ETAPA I

ESPINAS DE ADOLESCENCIA
ETAPA I

ESPINAS DE ADOLESCENCIA

Sin inicio

Y empiezo a escribir sin tener un inicio
y tampoco tengo esperanza que haya un final,
solo tomo mis manos y un lapicero y espero
si una musa se apiada de mí.

A veces presiento el suave aliento de su voz
que se asoma por mi insípida ventana
y me habla al oído como el desplazo del viento:
tan puro, tan claro, tan sublime…, tan necesario.

… Y no puede faltarme esa bella luz,
que irradia mi memoria lejana, confusa;
esa belleza encantadora que atrapó
las miradas de aquellos poetas eternos.

… Y no debe estar cerrada mi ventana
en aquellas noches desoladas y escasas
para ver sus ojos radiantes que inspiraron
a los clásicos pintores y músicos de ayer.

Que sería si no existiera,
cómo podría alguien ser eterno,
cómo algo durar mucho tiempo;
que sería de la historia…

Recuerdo estar sentado junto a ella
con los latidos en las manos
y mi suspiro exclamando a gritos
palabras que hasta entonces guardé.

… Y acabo algo que aún no debo,
solo lo dejo a un lado, esperando
hasta que venga otra vez esa belleza,
esa luz y esas noches desoladas y escasas.

Amar espera

De pronto me guarece su ausencia,
desolado y distante está su fragancia;
y yo aquí, abrazado a la soledad,
estoy confundido en la oscuridad.

Hoy hablé con el querer
para saber si amar es error;
y ella me dijo no sientas dolores,
no me ames, de mí no te enamores.

¿Cómo desfragmentar un sueño?,
¿cómo apresar esta candente y fiera soledad?
si cuando me habla el alba la presiento,
si cuando me sorprende el ocaso me da aliento.

... Entonces, le pregunté exasperado
si quisiera que yo esté a su lado;
y ella solo me brindó consuelo, confianza;
y me dijo: ¡para amar no hay esperanza!

Pude oír con diafanidad su voz preciosa
que me decía muy tranquila: no ames,
¡lucha!, logra tu vida dichosa;
un día vendré, aún no me reclames.

Entonces, comprendí que amar espera
si en verdad sientes pasión verdadera;
más, si es pasajera y ligera, vuela;
por eso, me iré junto al olvido, aunque me duela.

Hoy me habló y fue sincera,
me dijo no ames, ¡no te enamores!;
pues, si tu amor es verdadero, espera;
y si es falsía, solo me causarás dolores.

Tanto tiempo extraviar pudiera
su rostro de primavera, de sol radiante;
tan preciada como oro y diamante,
sus ojos bellos no mirarlos quisiera.

…; Pero, su voz, sus palabras suaves y dulces
puedo oír cuando la luna su brillo luce
y me dicen: no ames, de mí no te enamores;
pues, si es verdadero, espera...

Ahora no sé a donde fue aquella luz
que congelaba el color de mi mejilla;
y yo aquí, siento que salí de una guerra
donde perdí mis latidos y la perdí a ella.

Catorce

Catorce días después de enero
muchos traen al presente el afecto que sienten
ostentando con símbolos su cariño verdadero,
dicen muchas prosas bellas y también mienten.

Hacen prevalecer entrambos su ternura
manifestando así que son felices,
que en su corazón no hay amargura
y que en sus actos ambos son cómplices.

…; Pero, al conferir cuentas a la realidad
verás que aquel día es solo falsía;
pues, el amor auténtico dura una eternidad
y no solamente un mísero día.

¿Acaso Cupido nació y vivió en un solo día?,
¿acaso el cariño verdadero es pasajero
como el viento de primavera y su melodía,
como el canto de un ave aventurero?

Amar así no es delito;
pero, si es cometer un pecado;
pues, te robas su corazón poco a poquito
y no serás por el hombre juzgado.

El afecto verdadero nunca fenece,
no nace y muere en un solo día;
tal vez no nazca en febrero; pero, permanece,
se mantiene vivo, aunque alrededor no haya alegría.

Estoy en mi taller de amores,
es algo semejante al de Neruda;
donde deslizaba su pluma, sus dolores;
y yo, escribo versos en una noche muda.

Afilo el lápiz después de varias primaveras
para retratar con palabras al romanticismo
que nos brinda su aliento sin borde, sin frontera,
para darle vida a este confuso misticismo.

… Y como Neruda, le hablo de lo lejos
a ese sentimiento que mi voz no toca;
donde la oscuridad se esquiva de los reflejos
para que mis labios no se junten a su boca.

Estoy atrapado en sus redes como Bécquer
y dentro de barrotes de la celda fría están presos
sus latidos, sus sentimientos… mis versos
para que la soledad, la desesperación me puedan querer.

Quizá nadie comprenda el camino que trazo
y cuando pase el tiempo sabré que no fue vano,
serán como las obras del gran Picasso;
nadie las comprenderá fácilmente, con desgano.

… Y la fuerza de este amor es de Indios,
su fortaleza tiene cimientos de imperio,
su voz es como el nombre de Dios
que dan esperanzas y está sonando siempre como el río.

Que no daría para abandonar los recuerdos,
para que no dejen huellas los sentimientos pasados;
así, como las olas borran el rastro de sus orillas
y nadie pueda ver si alguien mojó ahí sus mejillas.

Quisiera partir el baúl de la esperanza,
dejar que brote su infinita esencia;
y así, al abrirlo otra vez no ver su presencia
que me llenan de alegría... que me saturan de tristeza.

Eran los días domingos para verla,
era su belleza como una perla,
tan preciada, tan escasa, tan sublime
y con solo verla sentía a mis latidos consumirme.

Y los tiempos pasados no vuelven,
permanecen ahí como el viento
girando a nuestro alrededor dando aliento;
están ahí y nos conmueven.

Entre recuerdo y olvido

Y te invento en mi recuerdo
para auscultar otra vez tu voz
que iluminaba mi fe marchita, me acuerdo,
y que desapareció junto al viento, muy veloz.

Deje en tus manos mi exiguo amanecer
para que al despertar esté a mi lado un horizonte
en donde estén tus ojos, tus labios, tu parecer…
y no vislumbrarme inerme en un aislado monte.

De pronto me despierta la realidad
y me doy cuenta que ya no estas aquí;
no están tus ojos, tus labios, tu sinceridad;
solo una voz se desvanece junto a mí.

Entre el recuerdo ambiguo y el olvido
puedo ver un hermoso cuadro claramente
en donde estas tú, en donde mi corazón he partido
para que mires el cariño que crecía constantemente.

Y te invento en mi mente
para no creer que desapareciste,
para no creer en lo que dice la gente:
que la oportunidad de amar perdiste.

… Y vuelves a nacer en mis recuerdos buenos
cuando sin querer escucho tu nombre
en momentos en donde la felicidad me es ajeno,
cuando la dicha me brinda su mano como buen hombre.

Vuelves a crecer como flor en primavera
para darme alegría, para darme luz en el día;
pero, he de saber que serás pasajera;
pues, al terminar el día se acabará mi alegría.

… Y al final como toda naturaleza
siento que mueres en mis recuerdos eternos;
pero, solo hace falta tu aliento, tu belleza
para que vuelvas a nacer junto a estos versos tiernos.

Y la inspiración me habla en versos al oído
para retratar con palabras una voz que se desvanece a lo lejos,
a ese reflejo que aún brilla en noches oscuras
e ingresan por mi ventana junto a la luz de la luna,
junto a ese vacío que te cubre como oscura neblina de olvido.

Entre versos…

Me reúno con mis versos sencillos
bajo gotas de reflejos de las estrellas
que encienden más la cálida fogata,
que abrigan mis inspiraciones en noches aisladas.

Y me hablan algunas estrofas de alegrías
y unos versos de penas profundos,
me cantan también al oído las rimas
con melodías sinceras en una esfera de falsía.

En algunos versos muere lo real
para que pueda nacer la fantasía
en donde no haya límites marcados,
en donde haya esperanzas reales.

Sentado al lado de afligidas odas
escucho su melodía y lloro,
sentado al lado versos alegres
me repongo y levanto la mirada.

Al extremo de la oscuridad
suenan más fuertes las melodías tristes;
te puedo ver en recuerdos con mis ojos húmedos
y se debilitan la fogata, la inspiración, mis esperanzas.

En medio de aquella lluvia inspirada
suenan versos sencillos, alegres;
despierta la luna de su profundo sueño
para dar sus latidos a la agonizante esperanza.

Entre la tristeza y la alegría absoluta
me encuentro esperando paciente
a que venga a esta reunión la musa,
mi razón de escribir estos versos libres.

Entre la realidad inventada y la real fantasía
espero oír las melodías sublimes del pasado,
cuando eran sonidos reales, presentes;
y hoy, solo quedan ecos grabados en grafías.

Puedo oír de repente a un verso
decirme: si quieres llegar a metas imposibles
tienes que ser tú quien las ponga
y cruzar la línea de la fe para hallar lo que buscas.

Puedo sentir la mano del olvido en mi recuerdo,
puedo sentir también el aliento de la esperanza;
el primero me dice: ¡olvídalo todo!
y el otro me ruega: ¡No lo hagas!, sigue escribiendo versos.

Gayola

Estás dentro de los miríficos recuerdos
y haces que mis días no sean solitarios
como en la gayola del olvido;
puedo sentir tus silentes latidos.

Puedo vislumbrar aquel pasado
cuando la flama de tus ojos me alumbraban
saturadas de sublimes sentimientos;
aquel recuerdo me letifican hoy, en el presente.

A veces, en noches de selva,
bajo la borrasca profunda
tengo menester de tus brazos
para no enervarme ante la soledad y el frío.

A veces me flagelan los recuerdos tristes
como cuando me abraza el infortunio
y la cuita se apodera de mi voluntad
y actúo sin mínima razón, sin lastre.

El recuerdo de tu ingente amor
coactan a mi voluntad para huir de esta quimera prisión
que inventan los poetas en sus rimas, en sus versos
como un sandio pretexto para explicar el muro de la distancia.

Necesito ahora de tus manos para llegar a la cumbre,
quizá exagero; pero, tu fragancia hace naufragar lo malo
y me brinda dita para no caer ante la letanía,
ante la tentación de las cosas vanas.

Tu recuerdo es hierático,
como el amor de una madre,
como el amor de la deidad al hombre;
no dura un instante, es sempiterno.

Estás dentro de los miríficos recuerdos
aunque la pared de la distancia nos separe;
por ello, te remito mis reflejos, un espejo,
una luna para vernos y no sentirnos ultrajados.

Estás dentro de mis recuerdos buenos
y puedo escuchar a tus silentes latidos,
haces que mis días no sean solitarios
como en la gayola del olvido.

Inefable

Y le guardo genuflexión a los momentos buenos;
pues, esos nos visitan a la puerta muy poco,
trato de mostrarme gracejo para cautivarlo;
y aun así, me es muy gravoso retenerlo.

En los caminos de la vida aprendemos a hesitar
para ser meticuloso, cauteloso, más cuidadoso
cuando el hastío nos quiere hacer ver a la ligera
con hedonismo falso y alucinado.

Son escasos y huraños los instantes gratos,
conviene no esperarlo a puerta abierta;
pues, no suele hurgarse en destinos ajenos
como esos tiempos infecciosos y malignos.

Son ignotos los designios del destino,
no sabemos cuándo se mojarán nuestras alegrías
o cuando secarán a nuestras lágrimas la tristeza;
por ello, le guardo vasto aprecio al enigma.

Lo desconocido es a veces un bálsamo
para saciar nuestro frívolo frenesí,
para sentir la fruición de este camino
en donde esperamos un incierto y ansiado futuro.

… Y le guardo reverencia a los momentos dichosos,
esos que a pesar de ser fugaces no fenecen
y hacen que se vuelvan triviales los tiempos malos
curándonos de la ansiedad de un mañana.

No tengas ambición de ver el mañana
si aún el sol alumbra hoy con voluntad propia,
no esperes solamente venir cosas buenas;
pues, lo bueno suele venir a veces vestido de andrajos.

Es mejor tener abulia de ver el futuro
para encontrarle efugio a este incierto latente;
pues, puedes quedar embelesado al verlo
o quizá termines abatido lo que resta de este día.

Aunque la vida sea solo un concepto
que suele diferir según la práctica;
ya sea un incierto entre lo bueno y maligno,
puedo decir: Este camino es inefable.

… Y le guardo genuflexión a estos instantes únicos,
trato de cautivarlo con estas inspiraciones ligeras;
pero, como la musa tiene que ir a otras puertas
me resigno y guardo los versos que querían continuar…

Falsa y ligera realidad

Aquí sentado, sabiendo que te pierdo
me pregunto si existe el cielo,
si puedo guardar mi viaje
y mis sueños a ninguna parte junto a tu regreso
y un poco de inspiración
junto a unos versos las apreso
hasta que vuelva a salir el sol
en este invierno y sienta tu consuelo.

Imagíname sin ti y mira el retrato
que pinte en tu recuerdo,
verás que por una sonrisa
me rompía el corazón y vigilaba tus sueños,
abrazaba el cielo para que el día dure
aunque sean pequeños
y pedía a las estrellas que te iluminen
en noches oscuras; me acuerdo.

Prefiero vivir perdido
en esta falsa y ligera realidad
para que no me encuentre tu sinceridad,
para que no me encuentre tu recuerdo, tu voz
y me digan en silencio
que el tiempo pasó tan veloz
y quedaron nuestros sueños surreales
dormidos lejos de la felicidad.

Te confieso que aún quedan restos
de tu voz sublime
que me gritan en silencio
cuando te empiezo a olvidar;
tengo un lienzo esperando
que pinte el color de tu mirar,
confieso que intento pintar el olvido
para que no me lastime.

Hay que ver como es soñar
un día sin tu aliento
para saber lo que es extrañar
tu mirar sublime
que traducía mis palabras cautivas
sin mirarme, sin hablarme;
pues, al leer estos versos
sabrás que no miento.

Mira el retrato que pinté en tu recuerdo
e imagíname sin ti,
me verás tan lejos
junto a esos sueños compartidos
y pedirás al cielo que iluminen
en noches oscuras tus sueños partidos;
y yo, extrañaré esas palabras,
tu mirada, ese silencio que junto a ti compartí.

A veces pasa
que recuerdo los momentos pasados;
entonces, comprendo
lo que es en verdad querer,
sin dudar te doy todo lo que soy,
te regalo mi ser;
haría que la lluvia y el fuego
terminen abrazados…

Mi refugio son los versos
que surgen sin pensar,
que me dicen que no lloraré
porque te fuiste,
que tus alegrías se escaparon
y te dejaron triste;
lloraré porque después de todo
te voy a olvidar.

Guardo un poco de inspiración,
tu voz, tu calor, de tu silencio
hasta que vuelva a salir el sol
en este invierno, en la nada,
hasta que en medio de este desierto
te vea venir callada
trayendo contigo tu esencia,
tu sonrisa para llenar este vacío provocado.

Lo que callan las voces

Te hablo en silencio para que mi voz susurre en tus oídos
palabras sublimes, palabras atadas de romanticismo
y sentir así al sabor de tu sonrisa darme sus latidos
para que mi corazón te recuerde siempre y siga caminando
buscando tus huellas abrazadas por el tiempo, por el recuerdo.

Sé que las palabras no bastan y no son suficientes
cuando dejan de ser verdaderas, reales;
por eso, te hablo en silencio observando tu mirada,
ese reflejo transparente, cautivante…, imaginado;
te hablo acariciando tu respiro inestable y confuso.

… Y me atrapa los reflejos de las estrellas,
la luna secuestra mis emociones cautivas
y la mirada tuya mis ahogados latidos se llevan
para darle tu aliento puro, sublime, anhelado…
ese respiro que me incita a escapar del vacío, de la nada.

Eres la musa que llego a mi vacía celda
y al verte, se echó a dormir mi realidad falsía
y despertaron mis sueños, se volvieron reales ante mis ojos
y me puse a escribir versos sencillos y las guardé cauteloso
para que se vuelvan geniales y te susurren palabras inefables.

Quiero ser la palabra que se esconde detrás de los labios
a pesar de que la luna ya no refleja tus ojos claros,
ojalá que los ojos nuestros se encuentren mañana
lejos del miedo, lejos de tu ausencia para abrigar tus latidos
y susurrarte los versos que guardo junto a mis palabras cautivas.

Buscando tus huellas abrazadas por el tiempo
puedo sentir el sabor de tu sonrisa darme sus latidos,
puedo oír palabras sublimes atadas de romanticismo,
aunque no te pueda ver sigo caminando;
en silencio, susurro en tus oídos mis cautivos versos.

Te hablo imaginando tu respiro transparente y confuso,
empiezo a verte en reflejos falsíos junto a las estrellas que tiritan,
empiezo a creer que se echó a dormir la esperanza, mis sueños,
que otra vez he vuelto a ser reo del vacío, de la realidad falsía;
sin embargo, me aferro de tu voz callada que decía: ¡no te vayas!

Observando la luna abrazo tu voz cautiva e imagino tu mirar,
soy reo del sueño que todos quieren ver en esta ligera realidad;
eres un cielo libre de obstáculos en noches llenas de estrellas
que mojan a mis ojos de luz, de tranquilidad, de súbita esperanza.

Palabras del silencio

Cuando te presiento mirarme de lejos,
cuando te escucho hablarme en silencio
te busco con la mirada por todas partes,
te digo sin palabras que te escucho.

Cuando veo una luz, algo bello; la oscuridad,
me veo en el ayer acariciando tu mirada clara;
en medio de este vacío puedo tocar esos sueños
que se vuelven invisibles lentamente ante la realidad.

… Y te veré solo en presentimientos espontáneos,
ahora solo eres sustancia irreal, fantasía, mi delirio;
pues, verte sería como tocar sueños falsíos,
sería como ver correr unicornios al infinito.

En medio de muchas nostalgias encerradas
le hablo a las estrellas que a lo lejos tiritan;
pues, conviene a veces confesarnos al destino;
y así, ilumine mi nombre cuando dediques a extrañarme.

Aunque caiga de pronto el cielo nuestro
sé que no volveré a verte, a tocarte;
sería vano rebuscarte en los cielos perdidos,
estoy convenido que estas en un paraíso desconocido.

…; Pero, camino en sueños y no quiero despertar
pensando tal vez que un día se vuelvan realidad,
me acuesto en el suelo a vislumbrar la oscuridad
y espero si alguna estrella me alumbra tu luz, tu nombre…

… Y eres solamente falsedad, ilusión, sustancia irreal
y yo me aferro en buscarte entre las estrellas que tiritan,
busco la mirada transparente que presiento,
busco tu voz sublime que clama mi nombre en silencio.

… Y sigo aquí, intentando comprender este exótico sueño
que se acostó anoche con las nostalgias de ayer;
estoy aquí, tratando de descifrar este incierto sentir,
esta esperanza que se apaga al no ver tu sonrisa.

Si le preguntas al cielo, a la luna: ¿Quién soy?,
te dirán que soy lo que nunca fui antes de ti,
que soy quien te mira cuando tú lo miras
y te grita en silencio desde lejos que sin ti muero.

Primavera

Siento a lo lejos venir la brisa,
la fresca fragancia que me inspira,
la que me brinda calma en este otoño,
en este tiempo que nada espero.

En noches aquellas me desvelo
en compañía de la luna y el silencio,
abro las ventanas para que entre esa fragancia,
con cadenas de cortesía la espero para que no se vaya.

He imaginado también sus matices honestos,
sus lúcidos y melifluos pétalos acariciar mis versos,
me he visto en esta ventana tantas noches
y me hablaban las rimas y no sé si solo eran sueños.

Sus melodías las oía en invierno
y se aclaraban más al llegar el verano
y hoy en noche de fresco otoño
las oigo como susurros nítidos en mi oído.

Sus melodías llenas de lenidad y agrado
apresan el silencio del fúnebre manto nocturno
al oír la letanía de mis rimas sin consuelo,
carente de impudicia y de total indecoro.

He soñado en mis sueños miríficos
que sus nítidos colores muy clamentes ante la lejanía
cautivan a las aves solitarias e inmaculadas
que ante tanta beldad lanzan gemidos de fruición.

Siento que aún me guarecen sus latidos,
siento que estoy atrapado en mis sueños
como un enigma que me incita a escapar
y huir de este manto otoñal que se va flemáticamente.

La he imaginado venir muy resplandeciente
desde el rancio recuerdo al presente,
la imaginé tan real que sus latidos presiento
y sus melodías sublimes las escucho detrás de mi puerta.

Es una estación donde no se veda la utopía,
es palmario aquel mirífico empíreo pasajero
y nos llena de beatitud en momentos sombríos
como el grácil buz de quien nos ama.

… Presuroso e hilarante, abro la puerta, cauteloso,
levanto la mirada sin esperar nada
cuando inopinadamente siento sus caricias sublimes,
sus melodías puras diciéndome: ¡Hola!, soy primavera.

Promesas forzadas

Y deseo encontrar en este camino ambiguo
amores sin sentimiento
para no sentir sus golpes
y ultrajen así mis latidos
ya curados de ilusiones,
no deseo encontrar demasiada ternura,
tanta pureza, tanta hipocresía;
pues, al final tanto amor lastima,
nos vuelve prisioneros, nos oculta algo.

Atrapado entre el silencio y la nostalgia
puedo tocar su voz callada,
sus palabras que gritan en silencio
alientos de esperanza, de engaño sutil
para congelar mis latidos ante sentimientos ajenos,
espontáneos, reales; me inventó un cosmo falsío
lleno de nada y me dejó ahí en la deriva.

En medio de aquel desierto
me refugié en un oasis de frágiles cristales,
para fingirle a sus recuerdos
que no necesito de sus latidos sin fonema
para sembrarle celos sin raíces
en lugares donde la lluvia afluye sin motivo;
deseo arrancar este culto engaño
que se disfraza de verdad y se viste de su voz.

Observando a las nubes cubrir a las estrellas
busco en mis recuerdos aquellas historias,
aquellos días que nunca quise ver acabar;
lo que daría yo por ver otra vez
a una estrella alumbrarme despejada,
por ver una vía para escapar
de este desierto cubierto de arena y nada.

Como un día frío sin las estrellas,
como una caliente noche sin el sol;
así, es solo una ilusión,
un espejismo que pude tocar en mis sueños,
como un insomnio
que no encuentra noches intranquilas y confusas;
es una gayola de promesas vanas
y yo su reo voluntario y sin condena.

… Y no deseo encontrar demasiada pureza,
tanta ternura, tanta hipocresía,
simplemente busco despertar del sueño
que se disfrazó de realidad,
de su voz afónica que grita palabras afables
bañadas de sutil engaño;
busco en este camino ambiguo
un amor sin promesas forzadas.

Reo

He vuelto a pasar un instante por mis recuerdos
para ver si encuentro tu sinceridad, tu pureza, tu aliento;
pero, al caminar siento miedo de no volverte a ver,
siento que ya no alumbra aquella luz; más, sigo a mis huellas.

Mis pasos avanzan y mis ansias me dicen: ¡Vuelve!;
mis latidos me gritan agitados que el tiempo pasa
y yo solo te echo de menos, necesito tu voz sublime,
de tus ojos claros para no ver este exótico vacío.

… Y acuesto mis ansias para buscarte tranquilo,
toco muchas puertas abrazadas por el tiempo
y no veo salir tu fragancia, el calor de tu sonrisa;
solo escucho salir desde adentro una melodía de silencio.

Tan lejos de mi presente te sigo buscando,
entre recuerdos me encuentro abandonado por mi fe;
de pronto, siento alivio al encontrarte fuera de recuerdos;
pero, solamente es una foto que me dejaste para retratarte.

Muy dentro de mis recuerdos, muy en el ayer;
de pronto, empiezo también a tener frío, necesidad de sueño
y le pregunto al destino: ¿Cómo hago para perderte?
si estando fuera de tus manos me tienes preso.

Cada noche, hasta que el tiempo me para
te busco en mis recuerdos, en mis sueños, en el olvido;
camino por lugares donde el sol ya pasó y hoy es invierno,
te busco ya de día porque el tiempo anoche no me detuvo.

Entre el ayer y el olvido, muy en el fondo
pude encontrar muchos momentos nuestros muy escondidos;
a pesar de que hace mucho las traté de echar al olvido
seguían ahí tu rostro de niña, esa sonrisa; pero, no tu nombre.

Aunque hice memoria en mi olvido
no pude encontrar tu nombre ni tu silencio,
buscarlos, encontrarlos sé que sería vano;
pues, nunca estuvieron ahí sino en mi presente.

Eres presente, aunque la realidad me dice que eres pasado,
no comprendo el enigma del destino,
por qué no te borra el olvido;
eres la luz que no se apaga ni con la fiera tormenta,
eres la tormenta que se resiste a la furia del sol radiante.

Cada noche camino por lugares donde la luna ya pasó,
te busco en mis recuerdos, entre mis sueños,
te busco ya de día porque el tiempo no me detuvo,
sigo tocando puertas abrazadas por el tiempo…

Entre mis recuerdos me encuentro abandonado por mi fe;
acuesto mis sueños, mis ansias para buscarte tranquilo,
muy lejos de mi pasado te sigo buscando bajo el insomnio;
pues, estando muy lejos de tus brazos me tienes preso.

He vuelto un instante a pasar por mis recuerdos;
pero, al caminar siento miedo de no volverte a ver,
siento que ya no alumbra tu luz; más, sigo caminando
para ver si aún encuentro tu sinceridad, tu pureza, tu aliento…

…Simplemente humano

Soy como el desierto despejado que no olvida
que al despertar volverá a ver la sofocante luz del sol
acariciar su piel cubierto de árida vegetación,
aquel paisaje que espera paciente venir
un invierno de esperanza inventada.

En medio de noches vacías, bajo la luna llena
dibujo un mundo donde no haya días y despedidas,
invento un lugar donde pueda verte tranquila
lejos del miedo, lejos de esta realidad que se desvanece,
cerca del sueño que inventamos antes que la noche nos abrace.

Soy como un reo que cumplió su eterna condena
y sigue atrapado entre la realidad y la fantasía,
soy aquel que busca en el olvido esos momentos escasos,
esos que nos hace falta en este presente pasajero y huraño,
en esos días que nos abraza el infortunio y las cosas vanas.

Te busco en los reflejos de la luna que alumbra despejada,
te busco desesperado en la sombra de la helada oscuridad,
te busco en este presente hasta llegar agotado al pasado
y no encuentro tus huellas, tu sublime aliento… tu silencio,
tu voz callada que destruía en silencio días vacías y despedidas.

Aquí junto al ocaso he prometido no abrazar ligeras promesas;
pues, solo son verdades ocultas, una realidad que veré mañana,
tampoco escucho voces invisibles, sonidos sin aliento,
solo confió que cuando despierte el alba abrasaré un nuevo día,
tu voz callada, un cielo despejado y azul como tu vítrea mirada.

Soy como la selva
que abraza la fresca brisa de este otoño que invento,
para que venga a este vacío desierto tu primavera,
un día donde vuelva a nacer
los colores cándidos de una promesa,
donde se llenen de color los pétalos de una esperanza marchita;
soy como un cielo azul
que tiene reo entre sus manos una tormenta.

Soy aquel que busca en el olvido esos momentos escasos,
... soy simplemente humano.

Sustancia irreal

Te pude ver en mis sueños,
tus lágrimas caían junto a tu voz
en lugares donde la lluvia no había llegado,
en donde mi mano no podía llegar para acariciarte
y secar los cristales que cubrían tu rostro.

Te busco entre la voluntad y el insomnio,
en aquel lugar enigmático y confuso;
solo me guio de los pasos y huellas
que dejaste en el rincón de mi recuerdo,
me guio de una luz que se llama esperanza.

Dentro de aquel mundo inconsciente y falso
estoy preso entre la pared y la distancia;
solo sé, que pronto acabara mi condena;
pero, no sé si cuando salga volveré a verte;
pues, quizá te quedes ahí adentro, en ese mundo falsío.

En medio de esta prisión, del sueño,
me doy cuenta de que el reloj gira al revés,
siento que retrocedo a esos instantes,
a esos momentos ya no muy claros
cuando tu mirada los tenías clavadas en las mías y sonreías.

… Así como el sol desaparece
se esquivaron tu mirada y tu sonrisa,
se fueron a esos lugares donde la luz no alumbra
y la alegría es solo hipocresía y tristeza,
desapareciste como una flor en el desierto.

Te recuerdo amándome sin amar,
te recuerdo dulce como un beso,
no sé si vienes o te quedas en sueños
esperando que me despierte la realidad;
solo sé, que ahora te recuerdo irreal.

Hoy solo espero volverte a ver;
pero, muy dentro siento que pierdo la fe,
quisiera borrarte de la memoria del corazón,
quisiera poder olvidarme de tu voz;
pero, te escucho en mis sueños, en el aire, en la lluvia…

Únicos

Cuando los sueños duermen
se estancan las ideas, los esfuerzos, las pasiones…
todo se aísla a nuestro alrededor
como si nos amarraran el alma con cadenas.

Cuando se desvanece la voluntad
quedan abatidos esas ideas, el alma, esos sueños,
aquellos que necesitan un mísero aliento
para que todo ello se convierta en mañana.

De lo que hagas hoy es lo que viene
no mensures tus esfuerzos, tampoco el tiempo,
no hagas lo sencillo y vano solamente;
pues, mañana no esgrimirás lo que hoy has usado.

… Y piensa imaginando que se hará real la utopía;
pues, no surge lo quimérico sin ser locura,
cierra tus oídos a murmuraciones sin aliento
para oír con diafanidad los sonidos que nos letifican.

No sofoques la lámpara, esa fiel esperanza
para que puedas ver en noches oscuras tus sueños,
para que no queden conformes, tranquilos… dormidos
esperando otro sueño, otras ideas, otras pasiones vanas.

Los sueños que tienes son únicos, son tuyos,
nadie puede robarte mientras cierras los ojos
y al abrirlos solo tú sabrás ese secreto,
sólo tú podrás hacer que dejen de ser invisibles.

Solo tú puedes descubrir esa ilusión,
aquellas ideas quizá espontáneas; pero, únicas,
nadie podrá robarte aquel secreto,
nadie podrá inventar esa fórmula.

… Cuando los sueños duermen
todo se aísla a nuestro alrededor,
se restringen las ideas, las pasiones, los esfuerzos
como si nos amarraran la voluntad con cadenas.

…Es bendito

Esta puesta otra vez la mesa
tan atractiva, seductora, bella…
que llama al apetito a sentarse
y a disfrutar el bendito alimento.

Cada día siente la delicia,
el sabor del mismo plato,
siempre está ahí, en la mesa puesta
y no se cansa de repetirlo siempre.

No hay otro que suplante el sabor,
el aroma que calma las ansías,
la sed y la espera del apetito
del hombre trabajador, esforzado… pobre.

Como puede esquivar su mirada
de la fuente que le da vida,
de la fuente que le quita el sueño
y le impulsa a seguir viviendo, caminando… muriendo.

Esta puesta otra vez la mesa
y el apetito sentado junto a ella;
hoy comerá lo mismo de siempre,
hoy comerá su hambre.

Inspiraciones vanas

Y se inspiraron mis manos
con un hálito espontáneo que irrumpió
en el olvido para traerme recuerdos lejanos
y llenar este papel que estuvo de versos limpio.

Muchas cosas son las que vienen al presente,
como la primavera, el verano; muy alegres,
como el otoño, el invierno; muy tristes,
y con los reflejos del pasado no mostrarse ausente.

Veo el ayer entre versos cortos,
con inspiraciones vanas plasmadas en grafías;
veo los sentimientos sencillos, puros, súbitos
y dentro de sus venas corren mensajes y armonías.

Recuerdo el pasado de cerca
para tener confianza con los detalles,
me brinda su luz cuando el olvido se acerca
y quiera borrar sus pasos, sus huellas…

Y estos versos con fondo del pasado
los traen mis recuerdos al presente
para que entren por la ventana que estuvo cerrado
como la melodía sublime que hace poco estuvo ausente.

Hay tanto del pasado para pensar
y poco en el presente para decir,
tantas cosas que han quedado olvidados
y pocos que han sido recordados.

Dentro de aquellos recuerdos alguien vive
como cuando observas un bello cuadro,
hay algo en ello que inspira, que ilumina
y vienen al presente para que haya un mañana.

… Y se inspiran mis manos
con los reflejos de las estrellas que tiritan,
que iluminan los recuerdos nebulosos;
y así, no queden hojas de versos limpio.

Viosol

Y recuerdo tu sonrisa infantil aún,
puedo verte sentimental, enamorada;
fui testigo de aquel amor,
puedo oír tus palabras ya sin voz.

Soy testigo de aquel sentir juvenil
donde sonaban reales tus latidos,
y del suyo, no lo puedo saber,
solo puedo decir que fue amor.

Esos caminos son hermosos,
estaban saturados de sonrisas y abrazos;
pero, no te dejaron ver la realidad;
pues, se borraban sus pasos lentamente,
tal vez no tus latidos; pero, si de él.

Y tus palabras ya sin voz
me confiesan que morías
a pesar de tener nuevo camino,
nuevas alegrías y un ángel que nació de ahí.

Y te abrazo en mis recuerdos
para que tus latidos no estén tristes
y te susurren mis consejos al oído
para que tengas luz en tu nuevo camino.

Te veo a veces en mis recuerdos
donde la distancia cubre como manto
esa belleza que extraño, que no olvido;
esa sonrisa que decía: ¡soy feliz!

Y me pregunta la musa
a dónde fue tu alegría, tu voz;
y yo, solo le digo: dale tiempo
dale mi aprecio, mis consejos.

Y hoy te hablo entre la distancia y el olvido
para decirte mediante grafías breves
reunidos en versos sinceros
que tu ángel sea tu amor, tu esperanza, tu luz.

Ante muros

... Y me puse las manos encima
y las amarre con cuerdas de esfuerzo,
dejé salir el aire que contaminaba mi interior
y respire los motivos que rozaban mi alrededor.

En el silencio absoluto puedo oír conversaciones lejanas,
hasta los susurros se vuelven nítidos y me gritan,
me hacen ver cosas secretas que se ocultaban con cautela,
esos que no comprendía claramente sin este absoluto vacío.

Vislumbro un paisaje de estrellas en el empíreo
y me hace reo de sus reflejos que tiritan
formando una telaraña de luces atractivas
como los matices y formas del surrealismo.

... Y observo detenido aquellos reflejos lejanos
y las toco con la mirada para saber si son reales
o solamente son ilusiones evidentes, palmarios
como los recuerdos que vienen a veces y nos hablan.

Me pongo la voluntad encima
para no rendirme ante en desgano,
en mi mano izquierda llevo un escudo de letras
para esconderme de las flechas de la ignorancia.

Me pongo encima también las virtudes
para avanzar con ventaja ante los muros,
llevo a mi diestra plumas y pinceles,
tinta y óleos que buscan esos momentos para atacar.

Busco esos instantes para entrar por la mirada
como formas exóticas que cautivan,
como los reflejos astrales que cubren el cielo nocturno
y hacen que los latidos se pongan nerviosos.

Hoy dejo que duerma solo mi sueño
para no cerrar mis ojos y la ventana
por donde entrará la fragancia que me inspira,
por donde oiré las melodías sublimes de la musa.

… Y tomarán mis manos a la voluntad
y la voluntad a las virtudes,
las amarraré con cuerdas de esfuerzo
para avanzar con ventaja ante los muros.

Ocaso

Es una sombra funesta
que no tiene piedad de la vida,
debilita hasta al más fuerte y lo desaparece;
es una sombra que nos da tristeza.

Es un manto negro
que nos quita la luz del día,
es una fuerza maligna
que derrumba a cualquiera.

Es el rival que se presenta con cautela
en cualquier momento, no sabemos cuando;
hasta hoy nadie ha conseguido victoria;
por eso, lucharemos todos con ese monstruo.

Es mi destino, es nuestro destino luchar con él;
es aquel monstruo que come la vida para poder vivir
y bebe las lágrimas para asentar lo consumido;
es una sombra que le roba vida a la alegría.

…Y es aquel que engendra tristeza, ansiedad, dolor;
es una sombra egoísta y funesta,
es la luz que alumbra oscuridad y olvido;
es un manto que nos quita la luz del día.

¡Persevenrancia!

¡No mueras!, porque aún te queda vida;
aunque de negro se vista la esperanza,
de tu corazón se escape la confianza;
aunque se bañe tu alma con solo lágrimas
y tu piel se bañe con la desesperación…

No mueras aún.

Cuando miren tus ojos que todos mueren,
caen como si no existiera aire,
cuando sientas que el abandono te cubre
y su soledad te debilita el latido…

No mueras aún.

Cuando el infinito y celeste techo se rompa
y miren tus ojos que de lo alto te llaman;
no tienes porque ir todavía,
aunque no esperen, aunque se cierre el cielo.

No mueras aún.

Al ver tus ojos que la muerte se desvanece,
que la vida ya no existe;
entonces, te darás cuenta de que eres nada;
pero, ¡no mueras aún!

… Porque aún te queda vida.

Eres luna

Observo la luna
y no puedo ver su rostro,
solo su luz brillante conozco;
no puedo sin ella encontrar fortuna.

Me muestra su figura exterior
que cambia constantemente,
no sé nada de su interior,
solo de su bella luz esta llena mi mente.

Está tan lejana
y su brillo roza mi piel,
se roba el destello de una vieja campana
que es de una iglesia devota fiel.

Hay días en que desaparece,
me deja en profunda oscuridad
que mi corazón no soporta y se desvanece,
solo las estrellas desvían un poco la soledad.

Noches de lluvias no quiero;
pues, a ti, te soy sincero,
junto a esas frías lágrimas
caerán las mías de poco a más.

Esas noches son tristes
y el mundo se pone de luto
y hasta las plantas no dan buen fruto
al sembrarlos al día siguiente. ¿por qué te fuiste?

Deseo imposible

Podrá el sol salir
cuando el valle se cubre del negro manto,
podrá la luna lucir
cuando el cielo se cubre tanto.

Podrá el reloj girar al revés
y mostrarme en la niñez,
podrá el pensamiento llevarme al futuro
y mostrarme debajo de un viejo muro.

Podrá un artista pintar feo,
podrá un poeta escribir mal,
podrá ser la derrota un trofeo,
podrá ser el sacerdote un criminal.

Podrá el sol sentir frío
podrá la luna sentir calor,
podrá ser el alivio un dolor,
podrá ser la libertad un martirio.

Todo esto puede suceder;
más yo, no puedo dejarla de querer
siendo tan fácil de hacerlo,
aunque para muchos esto debe merecerlo.

Vacío subjetivo

… Y me puse a pensar en recuerdos pasados
donde me faltaba el vacío enigmático que hoy me abriga,
me puse a recordar en aquella mirada pura, transparente;
hoy, después de muchas primaveras me doy cuenta
que necesito el abrigo de aquella sonrisa infantil.

En medio de tertulias ajenas siento a veces oír su voz,
en momentos no pensados la veo en falsos espejismos
como los unicornios que vemos correr presurosos
dentro de bellos y surreales lienzos,
siento a veces su calor en el frío de este invierno subjetivo.

La he visto en medio de sueños fragmentados,
y al unirlos pude vislumbrar la sonrisa que me dedicaba,
la vi como se ve la luna cuando aparece cada noche de a pocos
hasta verse completa como un espejo lejano que brilla.

En noches profundas observo la luna que me abriga
con la esperanza de ver y sentir otra vez sus ojos claros,
su sonrisa, la dulce melodía de su voz
y guardo su luz para llevarlos a mis sueños escasos,
aquellos sueños exóticos, mezquinos y lejanos junto a ella.

… Y pudo más el paso del tiempo que el olvido,
hoy recuerdo claramente el ayer junto a esos ojos
y desde ahí me veo incompleto junto a un falso vacío,
me veo al lado de ilusiones distintas y pasiones nuevas.

Me puse a recordar en días vacías como este,
en la fragancia que caían de sus castaños cabellos,
en el nítido color de su sinceridad, de su pureza;
me puse a pensar en todo ello para no olvidarla mañana.

En medio de este vacío incierto e inefable
cae de pronto una lágrima sobre estos súbitos versos,
presiento que alguien me acompaña, una luz que me abriga,
y al levantar la mirada me doy cuenta que un ángel llora.

Lo que un día fue maculado sentimiento
en recuerdo indeleble se volvió hoy,
los momentos que pasaron ya no se pueden ver igual,
hasta los sueños nítidos desaparecen en fragmentos invisibles.

Me puse a pensar en momentos ya lejanos
donde me faltaba el vacío falsío de hoy,
me puse a recordar en su mirada transparente,
en el perfume de su cabello, en sus ojos,
en su voz sublime, en su sonrisa infantil…

… Me puse a recordar en aquella mirada pura, transparente,
me puse a pensar en recuerdos lejanos, irreversibles
donde me faltaba el vacío subjetivo que me abraza;
hoy me doy cuenta de que necesito el calor,
el tierno abrigo de su sonrisa de mujer.

Nostalgia

Y me saco la vida poco a poco
del cuerpo en donde están presos:
el alma, esa vida y el latido
y guardo esperanzas en un cofre desaparecido.

Es triste recordar momentos escasos
aquellos que te brindan nostalgia,
que nos llevan a esos lugares como magia;
y más aún, cuando la ironía nos brinda sus abrazos.

Hoy me siento más cerca de la lejanía
donde todo es distinto, confuso, raro;
donde la luna refleja como faro
aquellas olas que acarician mis pies con agonía.

…Y observando el rostro de la luna
hablo con el viento, con el recuerdo
y a sus fugaces reflejos me aferro
para encontrar la claridad en el olvido.

Ahora guardo solo esperanzas
y espero que sean los golpes del destino
que rompan esos cristales del olvido;
para verla otra vez claramente.

Repugnado

Hoy me encuentro repugnado
al ver todo lo que ha pasado,
siento que mi latir es cansado;
pues, la vida se fue de su lado.

Busco un camino desesperado
para escapar de lo pasado,
para no andar desamparado;
como este corazón, abandonado.

Parece que el destino es desolado
y no tiene fronteras marcado;
ando por un camino opacado
y el alma me dice: ¡Todo ha acabado!

Busco un sendero azulado
para olvidar al ser amado;
pero, veo que se ha marchado
por otro camino no explicado.

Hoy después de tanto haber en ella pensado
me encuentro en uno de los caminos sentado
bajo el inmenso cielo ahumado
y no veo a la luz venir, como yo, resignado…

Ausencia nítida

Cuando ya no pueda oír su voz
suplicará mi nombre,
pasarán junto al frío viento, muy veloz
y no llegue a donde yo me encuentre.

Cuando la primavera ya no esté
va a extrañar y amarme;
pues, el invierno frío y agreste
no oirá sus súplicas, aunque ya me ame.

Cuando mis latidos se adapten a otro ritmo,
se dará cuenta de que es demasiado tarde,
caerán sus lágrimas y humedecerá su faz ínfimo
que un día fue para mí alarde.

Cuando mi ausencia sea nítida
y mi voz ya no se oiga a su lado
querrá que le hable a su corazón resentido
como pidiendo cariño para ser consolado.

Al saber que soy para su latir necesitado
pediré que le hable la soledad;
ayer sentí tanto por estar a su lado
y hoy lo he olvidado… ¡Crueldad!

Crueldad me dio su amor
y hoy le doy lo mismo
aunque caiga en el abismo
y me cause su desdicha pavor…

Luz lejana

Me muestro tan lejos
y te imagino viendo la luna;
a través del cristal de la ventana
puedo ver tu rostro en los reflejos,
más no sé nada de tu fortuna.

Pensé que la distancia
era el remedio para el olvido,
pensé que con ella olvidaría tu fragancia;
y así, se muriera el amor desvalido.

No me canso de mirarte,
en mi mente estás reluciente
con la ayuda de la luz radiante
que a ti me hace extrañarte.

Quizá pienses que escribo falsías
al ver muchas flores en esta poesía;
más, ahora confieso ser honesto,
quizá haya mentido; pero, no en esto.

Junto a la soledad recuerdo tu fragancia,
mis ojos húmedos buscan tu presencia
y la soledad a mi lado está celosa
porque la musa que me inspira es hermosa.

Anhelo…

Hoy me encuentro bajo un cielo desconocido
viendo un paisaje distinto, raro;
me encuentro desorientado bajo un faro
buscando si encuentro algún parecido.

De repente veo algo mío
que cae sobre mi hombro acongojado,
una hoja de selva; pero, está marchitado,
del cual brota un aroma de paisaje sombrío.

Busco con la mirada convencida
un espacio donde vea el iris colorido,
aquel reflejo de paraíso comprimido
y de la bella catarata su caída.

Siento de pronto a los pétalos de rosa
acariciar mis manos y siento su aroma;
más, la luz confusa del sol se asoma
y me deja ver que solo acaricio una flor de losa.

Como extraño aquel suelo,
como pudiera traer todo eso
al lugar donde ahora me encuentro preso
para no sentir otra vez este triste anhelo.

Amistad real

Hoy siente el alma la amistad verdadera
al mirar al pasado fijamente
y puedo ver que aún sigue latente,
aunque la lejanía es su barrera.

Bajo un cielo sombrío
y el alma viendo el ocaso
vuelve al pasado paso a paso
con la esperanza de verla a orillas del río.

Extraña el alma su calor,
su silenciosa voz, su energía
y su mirada que cambia como magia
los momentos de tristeza, de soledad, de dolor…

Hoy siente el alma la amistad pasajera
al mirar el mañana ligeramente,
aquel sentimiento que se rompe frágilmente
como un diamante que se cae de una acera.

Y la amistad no tiene precio,
no se alquila como simple cosa,
solo se da sin ser celosa;
no es un cariño falso, sin aprecio.

…Y espero encontrar amistad verdadera;
estoy sentado bajo un cielo sombrío
esperando llegar su calor en el frío
en una estación que se llama primavera.

ETAPA II

HÉCTOR VÁSQUEZ

LUCES NEGRAS
Etapa II

LUCES NEGRAS

LUCES NEGRAS

Luces negras
(12-2013)

... Y continuará la fuerza humana destruyendo
 con excusas de una esperanza falsía;
y continuarán lloviendo dulces cristales,
reflejos de la luna en noches nebulosas
hasta que las estrellas iluminen luces negras.

Cuando los rayos del sol nos congele,
cuando la luna nos sofoque intensamente,
cuando los ríos se conviertan en caminos
y los caminos en pasillo de lamentos,
abrazarás el recuerdo para calmar tu delirio.

… Y los ríos tendrán sed de candente verano,
sudarán hasta que se evaporen las microscópicas gotas,
se agotarán sus pasos y se desvanecerán,
intentará seguir después de beberse desesperada,
intentará dar un paso más; pero, ¡ya no habrá agua!

Cuando entonces leas versos y observes tus anhelos
el suspiro tendrá aroma de áridos desiertos,
extrañará tu memoria la lluvia de dulces cristales,
necesitará tu alma el abrazo de la fresca luna
porque solamente serás reo de luces negras.

… Y continuará autodestruyéndose la fuerza humana
mientras sus ojos no aprendan a observar el mañana,
construirán falsos espejismos para maquillar sus temores,
su egoísmo, sus convicciones, su fe ya marchita,
y solo podrá abrazar el recuerdo para calmar su delirio.

Nada puede ser real sin antes ser fantasía;
pero, de la falsía forzada no puede nacer la realidad,
sólo son excusas que inventa el hombre
para sentir que sigue lloviendo dulces cristales,
hasta que las estrellas le iluminen luces negras.

Sueños posibles
(12-2013)

Hoy he soñado nada,
solo he visto intuiciones fragmentadas
dispersas como nubes en nítido verano,
alejados como la niñez y este presente;
hoy he intentado construir posibles luces.

Cuando despierte el alba al lado de mil desdichas
y abrazando a la fría brisa de este agreste invierno
los latidos se harán más lentos, lejanos, imposibles,
a punto de detenerse en momentos no pensados.

Pueden existir abrazos hipócritas,
hasta sonrisas que ocultan envidias ajenas;
pero, todo se desnuda en instantes difíciles,
solo queda abrazar la esperanza más cercana
y echarle la voluntad encima para despertar los sueños.

Hoy he soñado nada,
solo he oído palabras con diafanidad,
esas que irradian luz a los ojos, al mañana,
esas que nos regala confianza, una esperanza incierta;
guardo en este momento los sueños posibles.

... Y cuando despierte el alba al lado de mil desdichas
espero que se ahogue la ignorancia, el sandio pretexto
para respirar nuevas ideas por grácil horizonte,
esos que sobreviven más allá del oscuro olvido,
como la amistad que sobrepasa el muro del tiempo.

Hoy he intentado construir posibles luces
antes que despierte el alba junto a mil desdichas
para respirar su aliento, su claridad, su fe...
... y le pongo la voluntad encima para despertar el sueño.

Ayer he soñado tanto, hoy he soñado nada.

Cuerdas de acero
(03-2014)

Busco dejar huellas en caminos no andados,
sin llevar en la razón y en este viaje explicaciones;
aún sin ver luz, en aquel horizonte me aferro,
abrazo ese misterio que saturan los latidos de la ignorancia.

Sigo a mis huellas sintiendo la arena de días ya pasados,
esos que me despiertan de los sueños voluntarios
y me hacen ver que los pasos que ahora doy son distintos,
estos que me aprietan las ansias para resignarme.

Nadie me oye; pero, GRITO en silencio
a mi voluntad confusa,
le lanzo cuerdas de acero para que no se aleje demasiado,
le doy de beber los sueños que ayer juntos preparamos;
a veces me dejo caer para darle fuerzas rebuscadas
porque anoche soñé que no llegaré al parnaso si se desvanece.

Me arrodillo, me emociono y otra vez me levanto,
la voluntad me brinda el aliento que antes le había prestado;
anoche he visto que solo juntos llegaremos a la cumbre,
que sólo dando lo ya compartido
tocaremos el rostro del sueño.

... Y al final, cuando observes el camino ya andado
quizá te preguntes:
¿Por qué tantas huellas quedaron marcados?
¿Por qué muchas no se parecen al tuyo?;
pues, son las huellas de la voluntad y de tus pasos,
son también huellas de voluntades perdidas, agotadas,
abandonadas…

Sin llevar en la razón explicaciones camino,
abrazo ese misterio que saturan los latidos de mi ignorancia,
aún sin ver luz en aquel horizonte me aferro,
busco dejar huellas en caminos no andados, agotados,   .
abandonados...

... Y lanzo cuerdas de acero para que no se aleje demasiado
a esta voluntad que bebe a veces mis sueños;
me arrodillo, me emociono y me levanto
para ver al final del camino la luz que buscamos juntos.

Realidad falsía
(07-2014)

... Y me quitó la venda un reflejo espontáneo y fugaz,
esas luces de luna llena en noches negras,
he podido observar por un instante el rostro de la musa,
esos ojos, ese aliento, esos momentos muy soñados.

...Vi tanta belleza que imaginé estar en el paraíso de las musas,
ese matiz que me inspira cuando me abandonan los motivos,
esa fragancia que me vuelve reo voluntario del ignoto destino,
ese, que nos grita a veces de nuestra prisión, del sueño,
de las incógnitas profundidades del alma.

Dibujo dentro de un sueño instantes imaginados
esperando venir a sus secretos cautivos, muy callados,
junto mis brazos para abrigarme de este congelante silencio,
me aferro de ese sentimiento que me alumbra como verano,
como la luna llena que brilla radiante.

No siembres soledad
cuando la tierra aún florece tus semillas cautivas,
despierta de tu realidad falsía, de tu deseo no compartido,
escapa de tu celda,
de tu libertad llena de ese vacío auto inventado,
aprisiónate de la luz más cercana
antes que lo consuma la fría noche.

Ella en su mundo, como siempre me decía,
mientras yo me invento otro para estar junto a ella,
mi presente se distrae cuando observo su sinceridad,
esta realidad que esquivan sus deseos comprimidos.

Hoy decidí borrarme del nítido pasado
para que este presente esté despejado,
esté saturado de la fragancia de la musa;
hoy eché al extremo del olvido las excusas.

Quisiera que no termine este tiempo
para no ser el mismo de antes,
ahora solo confiaré en el destino,
ahora solo observaré los recuerdos fragmentados.

Y la imagino desde el otro lado del mundo llamado esperanza
y solo confío que también me espere
observando nuestras promesas;
intentaré retratar con grafías sentimientos exóticos y escasos
para poder pintar mañana la realidad
que ayer sólo fue surrealismo.

Deseos imposibles
(10-2014)

Tendré que alejarme para no sentir,
para que no me toque el invierno congelante mañana
mientras la voluntad aún me pertenece;
si pudiera abrazarla y acariciar sus cristales cautivos,
esas que no pueden secarse del rostro,
esas que antes de mojar su mirada
fueron consumidas por su triste alma,
si pudiera acariciar su luz
que me alumbra con destellos de agonía
como las estrellas que vislumbramos en noches de tormenta;
esos que iluminan nuestros pensamientos
que van cubriéndose de olvido, de la nada…

…Si pudiera inventarme una luz
para iluminar este día que me abraza nebuloso,
si pudiera ver un destello que abrigue mi esperanza
no huiría del invierno congelante
aunque la sangre se congelen en las venas;
pues, sé que mis latidos respirarían tranquilos
porque el corazón ardería destellante,
sería como un verano adentro, en ese vacío,
y derretiría el hielo que cubre la quieta sustancia,
los días congelados de soledad, de angustia, de nostalgia;
la esperanza que ya carece de alma.

A veces soy pintor de lienzos,
pero hoy he decidido ser poeta
y a pulso imprimo estas grafías surreales;
dejo en libertad mis manos,
aprisiono los deseos imposibles;
observo los detalles que me muestra la oscuridad,
cierro los ojos a las cosas vanas que me muestra el día
para que la musa me susurre al oído estos versos;
palabras que se escuchan cuando grita el silencio,
versos que se engendran cuando la tristeza y la alegría se unen
para que pueda nacer un suspiro, la esperanza, un destino…

…Tendré que alejarme para no sentir,
para que no me abrace el invierno congelante mañana;
aprisionaré los deseos imposibles,
dejaré en libertad a mis manos,
cerraré los ojos a las cosas vanas,
observaré con detalle esta nítida oscuridad
para encontrar al fin la explicación que me da tu silencio,
para extraviar la excusa que me dicta la razón,
esta excusa que va cubriéndose de falsía, de la nada;
de esta realidad que ha congelado la sangre de mis venas.

Ilusión y fugacidad
(10-2014)

¡Ey! Musa, no me importa tu belleza temporal,
eso que abunda como espinas en un rosal,
me importan los sentimientos puros, tu pensar,
esos que vemos pasar solamente una vez en nuestro caminar.

He saturado páginas incontables para retratarla,
he rogado que me acompañe al silencio,
a esos instantes que aparecen pocas veces
para oír sus pasos, su voz sublime, sus deseos, su pensar…

Aquí sentado, al lado de su ausencia,
abrazando al suspiro que se lleva su nombre
observo en nítidos fragmentos sus ojos,
sus latidos confusos y claros,
observo el ayer cuando la distancia
y el olvido no nos conocían.

¡Ey¡ poesía, no me importan tus rimas, tus simbolismos vanos,
esos que solo saturan los oídos como música actual,
me importan las voces que curan, tu aliento,
esos que pocas veces a la profundidad del alma suelen llegar.

He despojado de mis recuerdos voces que sobran,
he dejado marchitar en mi memoria los susurros infértiles
para construir una celda, un mundo de acero,
un lugar donde aprisionar perpetuamente
la distancia y el olvido que hoy nos separan.

Allá; confundido, lejos de este presente,
tomo sus manos agotadas,
resignada de un amor inestable y nuevo,
observo en nítidos fragmentos sus ojos,
sus latidos confusos y claros,
observo el ayer
cuando la distancia y el olvido no nos conocían.

¡Ey! Musa, ¿Por qué te fuiste?,
¿Por qué fuiste indiferente a los versos, a las rimas,
a las voces que retrataba con grafías puras y sinceras?,
 ¿Solamente fui un oasis en tu caminar?…

¡Ey! Musa, no me importa tu belleza temporal,
eso que abunda como espinas en un rosal,
me importan los sentimientos puros, tu pensar,
esos que vemos pasar solamente una vez en nuestro andar,
esos que pocas veces a la profundidad del alma suelen llegar.

Entre realidad y nada
(01-2015)

Lejos de la realidad busco explicaciones,
junto a la ignorancia camino tranquilo y confuso;
a veces es mejor conocer nada para estar calmados,
siempre la curiosidad te lleva por rumbo de tormentas.

Y compré un sueño al pasado
donde el cuerpo y el alma que tengo eran nada,
donde voy sintiendo que rozo su vientre;
puedo sentir el calor de la existencia,
puedo soportar el congelante frio de la nada.

En medio, en el límite de dos realidades,
en aquel momento donde elegir no existe
me fue desterrando la nada para ver la luz,
para sentir la realidad que a todos hoy nos abrasa.

… Y compre un viaje al pasado
para entender cuál es la diferencia,
cuál debería ser el paraíso anhelado:
fenecer para siempre en esta realidad
o vivir toda la eternidad en la nada.

Angustias, dolores, desdichas… y felicidades temporales
se levantan junto al alba cada mañana;
tranquilidad, alivio, paz… e inexistencia eterna
abrasaremos cuando la realidad se acueste junto al ocaso.

Hoy en medio de este límite, entre la realidad y la nada,
mientras me roza su vientre
siento a la realidad jalarme,
siento que despierto junto al alba en la mañana,
siento una voz decirme: la vida es todo y a la vez es nada.

Hoy presentí a su mirada rozarme el alma,
hoy retorne al pasado para buscar respuestas en mis recuerdos
mientras un cuerpo vestía mi alma;
se aprisiona mi respiración
con los recuerdos que fueron buenos y malos,
y observo en silencio el alba
para que mi presente no acabe por derrumbarme.

La vida es todo y a la vez es nada,
puede ser un caminar iluminado o nebuloso,
puede ser larga o corta,
¡no está determinada!

… Y compré un sueño al pasado,
donde el cuerpo y el alma que tengo eran nada;
me siento rozando su vientre,
puedo sentir el calor de la existencia,
puedo soportar el congelante frío de la nada.

En medio, en el límite de dos realidades,
en aquel momento donde elegir no existe
me fue desterrando la nada para ver la luz,
para sentir la realidad que a todos hoy nos abrasa.

… La vida es todo y a la vez es nada.

Médula del silencio
(01-2015)

Estoy en un cosmos donde me alumbra la oscuridad,
donde mis versos se desvisten destellantes,
donde muestra su rostro por la compasión de la luz,
del calor agonizante de las estrellas que tiritan.

Ahí, en la médula del silencio
donde el fuego del sol se desvanece,
en ese lugar donde nos regala sus abrazos congelados
te imagino, te sueño, te presiento…
me habla en susurros nuestro pasado
y su voz me llena de irreales sueños
hasta que me golpea la realidad, mi presente.

… Al despertar el alba, se echa a dormir la falsía,
aquellas promesas forzadas, inventadas, vanas…
esas que fueron provocadas para no lastimar,
para no engendrar lágrimas a ese momento,
para que siga latiendo estos surreales versos.

Estoy en un cosmos donde me oculta la luz,
donde mis palabras se visten opacadas,
donde esconde sus melodías por dádiva de la oscuridad,
de las luces negras que nacen de los caminos nebulosos.

Al acostarse el ocaso despierta mi realidad,
esta distancia cercana,
esta que ahora me invento
para que mi pasado y este presente no terminen abrazados.

Ahí, en las extremidades de tus recuerdos
¿Clamarás mi nombre?
no lo sé, solo puedo oír tu silencio,
las palabras del ayer que me decían:
¡Lucha!, logra tu vida dichosa, aún no me reclames.

Estoy en un cosmos donde me alumbra la oscuridad,
donde mis versos se desvisten destellantes,
donde sus reflejos me muestran su rostro
por la compasión de la luz agonizante de las estrellas
que tiritan a lo lejos, en aquel camino que ayer anduve,
en la médula de mis recuerdos, del olvido.

Ignorancia conocida
(02-2015)

Pertenezco a un mundo de letras y colores
donde escucho siempre los susurros de la Musa,
donde me llena de matices su eterna primavera;
busco un horizonte saturado de nada
para construir la realidad que ayer fue locura.

Dejo perder los límites engendrados por la razón
para que pueda nacer un concepto distinto;
pues, es necesario dejar bajo la lluvia la inteligencia,
los descubrimientos ya conocidos, las neuronas usadas;
para que estén limpios, ansiosos, hambrientos, …

Es necesario manipular los conceptos
para que las ya reveladas brillen opacadas,
no son descartables los sueños imposibles, surreales;
pues, lo que no se ha conocido nos da aliento y nos conmueve,
hace de este presente un tiempo encadenado,
subdesarrollado y limitado mañana.

Pertenezco a un cosmo saturado de luces negras,
donde la inteligencia se va desfragmentando muy callada
y en donde las excusas ambiguas nacen presurosas
junto a la ignorancia que va cubriendo la realidad conocida
para engendrar un espejismo iluso de lo que teníamos antes.

Busco un horizonte saturado de nada,
dejo perder los límites engendrados por la razón
para construir la realidad que ayer fue locura
en este cosmos saturado de nada,
donde la inteligencia se va desfragmentando muy callada.

Realidad futura
(05-2015)

Me sumerjo en la profundidad del alma
como el buzo al mar
para buscar lo que el hombre ha dejado perder
y desde la profundidad observo el mundo nuevo e iluso
donde las almas ciegas dejan perder su esencia,
la razón, su divina fortuna.

… Y desde la profundidad de la razón
levanto la mirada
para entender por qué se desprecia
la semilla que pudo ser fruto,
la oscura noche que pudo amanecer radiante,
los sueños que pudieron despertar tranquilos,
los días próximos…

Siento que esta lejana distancia se hace resumen,
siento que el alma se eleva,
sin voluntad propia respiro ese aliento escaso de acciones,
esos que inhalo cuando explotan las burbujas,
esos que se van engendrando al pensar solo en el presente.

Siento que subo sin poder ver los detalles,
ese paisaje marino que desvanece flemáticamente;
sin comprender la razón bajo la mirada
y levanto la fe para resistir esta realidad futura,
este día que aún no veo; pero, presiento,
aquel día donde solo inhalaré recuerdos
de momentos verdes, coloridos y frescos.

… De repente me siento agitado,
súbitamente abro los ojos para dejar de ver lo que nadie quiere;
¡Uff ! siento algo de alivio, de esperanza,
porque solo fue el abrazo de un sueño
de donde pude escapar justo cuando caía
de la cima de lo que la inconsciencia desecha.

Deseos cautivos
(05-2015)

…Y otra vez me detengo
para observar un horizonte que no debo,
no sé si esta ambigua y presurosa voluntad
necesita de esas circunstancias provocadas,
no sé si la razón permita que ese paisaje bello aún me abrace
al menos hasta que la musa me diga
en susurros al oído que está celosa
y me inspire a seguir escribiendo versos.

En días no pensados, entre sonidos sublimes,
esos que te regresan al pasado,
escribo versos inefables,
dibujo en sus rimas días del mañana,
retrato ese instante donde me rozaba el alma.

Y acuesto mis deseos para ver esos sueños,
esos que viven instantes porque son eternos,
esos que fenecen cuando la luz del sol nos levanta;
hoy retrato aquellos fragmentos que aún recuerdo
antes que empiece a creer que solo fue un sueño.

Mañana, cuando no pueda observar el paisaje prohibido,
solo espero que nazca aquel a quien había esperado tanto,
aquel que carece de vida, aquel a quien le sobra alma,
aquel que nunca morirá porque no respira,
aquel que nos abraza cuando uno suspira.

…Y me pongo encima el alma de poeta
para escribir sobre amor y nostalgias,
quizá mañana despierte como artista,
como aquel que pinta los recuerdos cautivos,
los días sublimes, los instantes anhelados,
esos tiempos que no quieren huir de mi memoria.

Y acuesto los sueños deseados y cautivos
para no ver sus latidos silenciosos y confusos,
solo observo el horizonte que no debo,
solo observo los momentos fragmentados
mientras la musa me observa el alma, mis temores, mis deseos.

Dos mundos. Una misma copa
(05-2015)

…Y bebimos de la misma copa
la sustancia que libera las palabras cautivas,
la que hace frágil nuestros secretos,
esas que se vuelven visibles y transparentes
cuando le echas unas gotas de confianza.

Y retrataré con palabras la desnudez de su alma,
traduciré la melodía de sus latidos agobiados y sinceros
para entender por qué el amor puede ser la cicuta oculta
cuando se vuelven invisibles los detalles,
para descubrir si sus abrazos pueden ser el bálsamo
en la redundancia de los días.

…Y me susurró entonces la musa
para darle un poco de razón y abrir los ojos suyos,
esos que solo observaron realidades precipitadas,
esos que duermen ahora para soñar momentos anhelados.

Y hoy, en noche de fresco verano,
caminamos por pasillos que duermen cuando el sol despierta;
caminamos dos: yo y ella; pero, al bajar la mirada,
al observar nuestros pasos observo el reflejo de tres sombras
que la luz de la luna y las estrellas proyectan,
donde me veo yo, la observo a ella,
y en medio, nos acompaña la ironía.

Yo, libre como el desplazo del viento;
Ella, prisionera como el alma solitaria dentro de un cuerpo,
como un cuerpo que espera encontrar afuera otra alma,
otro horizonte que la comprenda y abrace,
que juntos caminen sin rumbo
oyendo melodías distintas y cultas
para huir de las decisiones precipitadas
como las últimas gotas de aquella copa
que huyeron por nuestras venas
hasta que nos inventemos otro día.

…Y bebimos de la misma copa
la que hace frágil nuestros secretos,
retraté con palabras la desnudez de su alma
para entender por qué el amor puede ser la cicuta oculta
cuando se vuelven invisibles los detalles,
los sueños anhelados, la libertad innata.

Hoy, me gusta la vida mucho más
(06-2015)

Hoy me gusta la vida mucho más,
el latir de las horas ya no se visten inciertas
como las que bebía antes de ayer
cuando solo era parte de un verso surreal.

Recuerdo voces precipitadas del ayer
que me decían: el tren pasa sólo una vez,
¡coge ese viaje y no te pongas a pensar!,
¡no construyas demasiada paciencia para amar!

…Y ayer amaneció y yo seguía en el mismo lugar,
esperando una luz que en sueños vi;
el tren que debí tomar no estaba ya,
solo mi maleta de esperanza acompañaba mi soledad.

Hoy, el tren que debí tomar ya no está
y sentado en medio de esta estación
escribo versos que se van,
donde siento que la musa al fin me pudo ver.

Hoy la vida me gusta mucho más
porque la musa acaricia las pacientes manos
que en cada verso siempre la retrató;
hoy me mira los ojos, el alma, mis deseos anhelados.

Hoy siento el fuego de su cuerpo,
de su alma reencarnado de mujer,
escucho su voz sublime, ya humana y real,
hoy he besado su alma aún prohibida,
hoy me gusta la vida mucho más.

…Y en un cosmos que inventamos para dos,
acariciamos con nuestros latidos una luz,
dejamos fluir la intensidad, la voluntad,
dejamos caminar nuestros días con suavidad
para no caer en la redundancia de las horas.

Sentado en medio de esta estación
guardo mis pasos aún no dados,
hasta sentir el abrazo de su libertad,
de sus palabras absueltas de la condena
y me susurren al oído voces anheladas.

Hoy la vida me gusta mucho más
porque la musa acaricia mis palabras cautivas,
esos que en cada verso siempre escondí;
hoy me mira los ojos, el alma, mis deseos comprimidos
y el mañana me muestra el rostro que veo hoy.

…Y en el amanecer de un invierno me abrazó,
y el frío que congelaba mis ansias se llenaron de sol,
se echaron a dormir la angustia y los recuerdos;
esos que hace mucho no podían conocer el olvido
y giraban mi presente como estaciones, como invierno.

Hoy la vida me gusta mucho más,
el frío que congelaba mis ansias se llenaron de sol,
escucho su voz sublime, ya humana y real;
hoy he besado su alma aún prohibida
y el mañana me muestra el rostro que sueño hoy.

…Y sentado en medio de esta estación
dejo fluir la intensidad, la voluntad, mi alma,
dejo caminar mis días con suavidad,
echo a dormir mi angustia y los recuerdos
para sentir sus palabras absueltas de la condena
y me susurren mañana voces anheladas…

Entre luz y sueños: Celos
(07-2015)

Me senté a conversar con la razón y los sentimientos
para aprender a ver la diferencia entre realidad y sueño,
entre el amanecer que tocan mis ojos
y el ocaso que aún no retratan mis versos.

… Sentado están la luz, el suspiro y yo en medio,
escucho el susurro de las razones, de los sublimes sueños
y siento al final el susurro de un argumento,
al fonema que no ilumina y no engendra caminos nebulosos.

Y mientras pinto los reflejos de esta realidad
caen a mi conciencia los matices de una verdad oculta
para que al terminar este surreal lienzo de versos
pueda ver los detalles que habían huido
de los ambiguos sentimientos.

Y me desentendí de los caminos ya andados
para regalarle equilibrio a las decisiones,
esas que desde la mañana tuve que haber bebido
para saciar la angustia que ahora bebe mis latidos.

Cuando me abriga la fría brisa de su ausencia
imagino escenas que quizá sean solo espectros,
esas que se esconden de la realidad porque son ilusos,
esas que no pueden tocarse porque quizá no existen…

Observar los espacios ya andados,
esas que las manecillas del tiempo dejaron atrás
pueden ultrajar el palpitar de sentimientos nuevos,
es necesario dejarlos en el rincón de nuestro pasado.

Pero, hoy me pongo encima las manos de un poeta
para que escriban que el frío del sol radiante
y el calor de los reflejos de la cambiante luna
pueden terminar abrazados y de ella una nueva luz nazca.

…Y aquí, sentado al lado de una interrogante,
acostado al extremo de los puntos suspensivos
le digo a mi lado izquierdo y al diestro:
¡Han lastimado los días de mis segundos!

Hoy retrato estos auto razonables versos
y me desentiendo de los caminos ya andados
para que al terminar este surreal lienzo de versos
pueda ver los detalles que se esconden
detrás de las radiantes luces.

En la profundidad de mis versos
(07-2015)

Eres el tesoro que los piratas han perdido
en la inmensidad del Océano;
y yo, te he encontrado de milagro
en la profundidad de mis versos,
y te he dejado perder en el centro de mis latidos;
estás ahí y no te encuentro para que te pueda ver el olvido.

A veces, cuando siento de cerca el calor de tu lejanía
me invento un cosmo dentro de mis versos,
dentro de una realidad que ayer fue fantasía,
me invento una luz que ilumine los días próximos,
esas que se pueden tocar cuando te abrazan los sueños...

A veces, quieres conocer personas que entiendan tu mundo;
los buscas en la luz de la sombra,
las esperas ver en la oscuridad de los días;
pero, nunca aparecen ni en sueños fragmentados;
pues, suelen llegar tu lado en el momento no pensado,
cuando el día siente un brillo inesperado
en la oscuridad del alba.

…Cuando el ayer te cubre me siento agobiado,
atrapado en la celda de una angustia sin condena
y mi voluntad se siente libre para huir,
para dejar un latir sincero dentro de un recuerdo,
fuera de un sueño real cuando el mañana se acerca.

Pero, no hay sueño si no siembras esperanza,
no existe sueño, días anheladas
si no cierras los ojos a la realidad por un instante,
no existe el día siguiente si no tocas antes este ayer,
este día donde los otoños no vienen para conocer la primavera,
esta vida que ayer fue vacío y hoy es el mirar de tus ojos…

Hoy te he encontrado en la profundidad de mis versos
y al caminar por las estrofas escucho tu voz entre las rimas,
siento que tu calor se acuesta junto a las métricas,
esas que me acarician cada instante
para sentir la estación de tu verano
y me dicen al oído que no veré el mañana
si no abrazo tu voz este día.

Y yo, te he encontrado de milagro
en la profundidad de mis versos,
te he dejado perder en el centro de mis latidos,
dentro de una realidad que ayer fue fantasía;
pero, no hay sueño si no siembras esperanza
e inventas una luz que ilumine los días próximos…

Estás aquí y no te puede ver el olvido,
te he dejado perder en el centro de mis latidos
y te he encontrado en la profundidad de mis versos de milagro,
en medio de la inmensidad del Océano;
pues, eres el tesoro que los piratas han perdido.

Bajo tu invierno
(08-2015)

Despertó esta mañana abrazada de la rutina de siempre,
se echó a dormir mis caducos pensamientos
para darle sus fuerzas a las acciones que dan mis pasos,
hoy vuelvo a pisar las huellas que ayer fabricamos juntos.

Camino sobre las huellas que dejamos,
puedo ver en un lienzo el susurro de su voz,
presiento tocar el calor de su cercanía;
pero, me despierta la fría mano de este invierno.

Dando pasos y sin poder ver su sombra
camino para que no me detenga la angustia,
para seguir siendo un fugitivo del vacío,
de los seis lados de donde escape al ver sus ojos.

Escapo del aliento de este invierno
para ser reo voluntario del verano de su presencia,
siento al sol congelar la voluntad de mis pasos;
pero, el calor de sus promesas
me enciende fogatas de esperanzas.

Mis pasos sin brújula fueron a parar, sin planearlo,
sobre una banca desierta, sobre un instante ignoto,
donde me puse a pensarla en compañía del frío y el silencio,
entre campanadas que llaman a reflexionar los pasos perdidos.

…Mientras la pensaba vi pasar cada día del segundo,
presentí que cada año de los segundos que tocarán mis ojos,
que cada verano de las estaciones congelará mi aliento,
que todo el cosmos seguirá su rutina desde alba al ocaso
mientras este poeta se convertirá en una estatua de hielo
si no vuelve a ver esos ojos, esa fragancia, esas promesas, …

…A la musa
(09-2015)

…Y haré un nudo en mis latidos
para que mi corazón no respire cuando miren sus ojos,
esos que me atrapan como telaraña matutina
y no dejan que huya la mirada mía.

…Y a donde fue a dormir esos reflejos,
esa sonrisa que encendía la luz de este día,
esos que abrazaban mis cautivos pensamientos,
esos que hipnotizaba mi respiro como sublime y tierna medusa.

…Y en este día que observo desde el mañana,
vislumbro huellas que susurran su nombre;
entre realidad y sueño mis ojos tocan el rostro de Apolo,
quién le habla en rimas a mis convicciones futuras.

En el ayer de mis recuerdos veo su voz sublime,
toco esa mirada que me observa cada latido;
y hoy, estando a muchos pasos de ese instante mutuo
siento el peso de sus ojos, aunque huyan mis latidos.

...Y a donde irá a parar
tantas horas que guardamos en nuestros bolsillos,
las resumidas huidas de nuestros latidos
que se visten de poemas,
a que mejilla irá a sonrojar su sonreír sublime,
sus días tiernos, dulces, deseados…salvajes.

…Y me pongo a dibujar versos con pinceles,
me siento a escribir sus ojos inefables,
guardo los días que aún no he usado
para darle a mis ansias cuando no la pueda ver mañana.

Cuando este amanecer se vuelva ocaso, huiré,
no volveré la mirada a su celestial primavera,
ataré mis pasos para que no vayan en busca de sus huellas,
me negaré al edén para construir una esperanza cierta.

…Y mis latidos nunca fueron dos, 100 pre fue uno,
siempre callados, siempre pacientes… mudos,
nunca abrigaron frágiles latidos y deseos,
siempre la he esperado sentado entre profundos versos.

Entre párrafos y rimas, me habló la musa
(10-2015)

En el extremo de un instante,
antes que se acueste el día de siempre
me habló espontáneamente una musa en versos,
aquella que respira y se oculta en la luz que duerme,
para no contradecir sus exóticas excusas.

…Al masticar el poema que me recita,
siento que se engendra razones claras,
esos que la oscuridad muestra con cautela,
esos que se esconden en grafías connotativas
que suelen usar los poetas para que las palabras brillen.

Nada se había dicho hasta entonces,
nada se había conocido mientras latía esos segundos,
esos que en el regazo de ese manto suave
me acaricia las manos mientras me grita el silencio
y la luz me brilla en su nítido antónimo…

Al filo de un suspiro me dijo en versos:
aún me invaden los pensamientos negativos y asfixiantes,
esos que tratan de destruir el camino a la libertad
y me pregunto una y otra vez
¿Qué es lo que pasa por una mente?

… Y la ansiedad infinita desea gritar
y escapar de tan despreciable mundo,
si se aferra en permanecer, aunque nada es bueno y dulce;
entonces, ¿Por qué seguir creyendo en ello?
y si no hay vida ni razón
no hay sentido de seguir en este cosmos.

En un paraíso donde no se descubre nuevos caminos
me pregunto: ¿Qué es lo que oculta tan profunda herida,
qué es lo que me ata y a la vez ignoro?,
¿A dónde van esos instantes que florecen
cuando se marchita el ocaso?

Eres un poeta encerrado en tu propio verso,
eres el poema que necesita libertad
en tus rimas auto prisioneros,
ese verso que pocas veces reflejan espontánea lucidez
como un susurro antiguo, huraño y cautivo.

Hoy me dijo en narrativa
que es prisionera de los pensamientos,
que es un alma que no respira;
una lámpara que reflejan vacíos sin fondo,
y cree que todos pueden ser sus enemigos
o mucho mejor sus amigos;
pero, sabe que nadie soportaría la condena
de los terroríficos pensamientos.

Ser reo de nuestros propios pensamientos
pueden ser increíbles;
pero, a la vez incontenibles, insoportables y terroríficos;
un secreto no revelado engendra angustias,
tormentas en días calmados,
las razones no importan, al final, todos piden ayuda.

Muchos buscan llegar a la cima, donde la luz grita destellante
tendiendo su mano para que los días grises se tornen azules,
se vuelvan instantes que todos quisieran ver,
aunque sean fugaces como el color de tu aliento
que busca amar sin ser visto.

Buscar un mundo perfecto es envolverse con vendas los ojos,
para un prisionero de los pensamientos
las luces destellantes son solo reflejos,
lo intocable y las vías oscuras son lo único cercano y real,
...y la única salida es auto encontrarse dentro de sí, dentro todo,
dentro de lo impensable, dentro de las luces negras,
donde la luz destellante no es más que tu reflejo...
tan simple al escucharlo, tan complicado dentro de sí.

Y toda oscuridad
es consecuencia de la comparación de dos realidades,
de luces distintas, el contraste de claroscuros
que nos rescata de la ignorancia
como la cuerda que mantiene en marcha los latidos, los sueños,
esos que abrazamos cada instante
para llegar a la luz que todos anhelamos;
pero, quizá difieren en color y sombra...

Buscamos hallar luces blancas o luces negras...
simplemente sueños de humanos: los nuestros, los suyos...

La realidad es un mundo de espejismos
que solo muestra lo que deseamos,
como el oro que solo son piedras brillantes
sin alma en nuestras vidas;
pues, al abandonar el cuerpo ya no brilla en la oscuridad
y en la luz de los días,
lo real es nadar a contracorriente; pero, no imposible,
la noche puede ser el camino más certero
cuando el alma aún nos pertenece
no por entrar; sino, por saber salir...
la oscuridad es algo ficticio y transitorio,
una pequeña tela pesada que nos envuelve
hasta que la conciencia nuestra decida alejarse
del polvo y de las cenizas del pasado que nos condena
al desequilibrio y al mal estado.

Ternura e intensidad
(01-2016)

…Y tantos catorces me he inventado en febreros
que no vi a que horizonte fue a acostarse;
quizá me espera en la esquina de la luna
o tal vez se marchó para seguir girando
en la redondez de las estrellas.

Y se ensombreció la sonrisa de su verano,
la primavera que iluminaba sus pétalos,
su fragancia, esas que se marchitaron para no volver,
para no contradecir la luz de futuras decisiones.

Y que sería de la perfección, de la belleza, de la luz;
si no hubiese contrastes que los iluminen,
que sería de las rimas, de esas voces talladas;
que sería del poeta y del artista que camina
si no hubiese un instante inválido donde le susurre una musa.

Hoy me llueven 1000 inspiraciones;
pero, mis ansias solo desean uno,
a esa que abriga mis reservados versos,
a la única que moja mis intensos veranos.

…En recuerdos, agito mis cautivos versos al tocar su aroma,
susurro en rimas para despertar su calma,
aprieto sus ansias para oír su melodía;
la que me impulsa a escribir estos radiantes versos.

…Y me inspira a retratar estrofas intensas
cuando el ocaso aún no despierta,
cuando recuerdo el trazo de sus labios sobre el hombro
dejando vislumbrar la intensidad de un susurro intenso,
tierno…nuestro.

…Al pasar la tormenta de fuego
levanto la mirada hacia el hermoso valle,
empiezo a sentir que se atenúan las palpitaciones,
empiezo a sentir a la cálida humedad bajar,
resbalar como brisa matutina por sus maravillosas cumbres
hasta formar una laguna en el centro de aquel valle.

He pedido a este agreste invierno
que llore sobre mis cálidos latidos
para que congele mis nobles sentimientos
hasta que vuelva a verme el anhelado verano.

¿…Y dónde fue a parar la sinceridad de aquella atmósfera,
a dónde fue a dejar su melodía,
aquella que acariciaba mi calmado frenesí
e incitaban a mis ansias a escribir sobre aquel valle?

…Hoy como nadie ha sentido,
como nadie ha soñado en sus sueños surreales,
el poeta siente el fuego de un invierno que se va,
aquel que arrastra consigo a la primavera,
la que siempre abrigó en sus soñadores latidos…

…Hoy el poeta siente el abandono de sus versos surreales,
esos que huyeron después de haber bebido
la cristalina esencia que fluían de sus ojos
al despertar el límite entre la oscuridad y el ocaso.

Me pregunta el poeta que me abraza
¿A dónde fue a parar la sonrisa que le dedicabas?
y solo las agonizantes esperanzas le responden:
no lo sé, no lo sé…no lo sé.

Hoy me llueve 1000 inspiraciones;
pero, mis manos solo desean uno.

Monopólica
(01-2016)

En una noche muda, huérfana de luz,
como cuando nos grita el vacío hambriento
y despiertan a la calma de nuestro calmado frenesí,
escribo fonemas saturadas de nostalgias surreales.

Cuando la tristitia de amor me acaricia los latidos,
escribo versos que no puedo dedicar,
solo las condeno dentro de un deseo llamado esperanza,
solo mis lágrimas leen estas rimas y no hayan su final.

Empezaré a bocetear la silueta de cada verso
oyendo la melodía que guarda con recelo el silencio,
conversaré con la realidad tácita que vagan en mis recuerdos
para que las rimas prisioneras se bañen de invierno.

En este espacio cubierto de telarañas,
esas que atrapan los instantes fugitivos,
en una noche muda, huérfana de luz;
presiento su voz, sus ojos…su monopólica aroma.

Nudo
(04-2016)

Después de días inciertos, se vistió de ocaso nítido su calor,
aquel latido que amaneció disfrazado de esperanza,
aquel que voló desde su libertad hacia los segundos repetidos
para acariciar los nudos que fabricó
en su medio día precipitado.

Cuando el sol acariciaba mi ventana,
cuando la noche tejía su despedida para derrumbar su lejanía,
oía en mis recuerdos su nombre,
aquel que aún viaja en cada fonema de estos versos.

He conversado con la luna,
antes de haber acariciado el último suspiro de un sueño,
aquel que hacía del año menos del segundo,
antes que mi voz se vuelva nítida ausencia.

Ey! Luna, tú que despiertas cada noche,
cuando mis ansias de verla se engendran,
cuando sus segundos le permitan sentir mi nombre,
deja de brillar para que tu transparencia me ilumine.

…Cada mañana de sus amaneceres he nacido,
me he inventado días aparte de los conocidos,
estaciones que nunca llegaron,
he desterrado la redundancia de los días
para que no mires el segundo que ya no respira.

Ey! Tierra, tú que abrazaste nuestros pasos,
cuando buscábamos transparentes horizontes,
para huir, yo de mí libertad, ella, de su prisión voluntaria,
déjame ver si en tu vientre aún vive su semilla.

He tocado a las estrellas con su mirada,
aquellas que en cada destello me hacía ver su sonrisa,
su deliciosa voz, el susurro ascendente de su verano,
la perfecta silueta que dan forma estos surreales versos.

En este día incierto, se vistió de ocaso nítido su calor,
el latido que amaneció disfrazado de esperanza,
la que voló desde su libertad hacia los segundos repetidos
y acaricia hoy los nudos que fabricó
en su medio día precipitado.

Latidos escondidos
(09-2016)

Y el poeta de su breve viaje ha de volver,
cada día del segundo soñando fantasías,
cada noche construyendo realidades invisibles
entre los recuerdos y un eterno olvido...

Elijo los días bohemios para escribir en métrica
y cada instante capturo los segundos del presente
antes que despierten siendo huérfanas historias,
una falsedad colorida, una realidad transparente.

Y el poeta de su breve viaje ha de volver,
porque allá, lejos de este paisaje disfrazado
pudo ver que la vida descansa entre dos límites:
quedarse sentado o caminar por nuevos horizontes...

Sin que mis brazos tengan plumas vuelo al cielo,
dejo el paisaje que me rodea para que no seas sólo recuerdo,
me elevo al horizonte azul para ver dónde anda tu fragancia;
por un instante siento que vuelo dando cantos
como silvestre gorrioncillo.

Y el poeta de su breve viaje ha de volver,
para cuando el destino que creías azul te pisa la espalda,
cuando la noche aprisiona las estrellas
para irradiarte luces negras
y te ayude observar el horizonte de tus latidos,
esos que en ti confían,
para huir de ese cosmos azul inexistente
que aprisionan los sueños dormidos.

He vuelto a dar mis pasos junto al horizonte
y no he sentido el aroma de la primavera,
aquella que un día dormía entre mis poemas;
pero, mientras nadaba en los recuerdos
que me conducían al invierno
me aprisionaste para no ver venir la tormenta que se oculta.

Y el poeta de su breve viaje ha de volver
para retratar con grafías los susurros de la musa,
para conversar con los reflejos de la luna
que me observa distante
para darme la voluntad de confesar cada latido escondido.

Sin haberme ido
(09-2016)

Me imagino en Francia acostado en un anhelo;
parado en el techo de un edificio observo tu horizonte,
aquel paisaje que veo solo en la imaginación
y trato de inventarme allá, ahí donde me esperas.

Tantas veces mis deseos pronuncian el brillo de tu nombre,
el reflejo de las voces que engendraste para hacerlos eternos;
anoche he soñado que Francia se ha adueñado de mí,
de mi ser indígena para hacerlo más Vallejo.

Tantas veces Francia,
mil veces Perú,
he de saber que allá, seré poco,
mis pasos están seguros que aquí he de ser más…

Solo para saciar el frenesí de mis deseos, elijo Francia,
para saber lo que es sentirse lejos,
tocarse distante, ajeno, desconocido,
para saber lo que es extrañar al Perú.

Aquí de pie, en la cima de un edificio,
mis pensamientos hablan de Francia,
mientras que aún respiro aromas rojas y blancas;
hoy me doy cuenta que aún sin haberme ido
ya te empiezo a extrañar como huérfano niño.

Brisa de primavera. Mi musa
(27-09-2016)

Que dichoso serían los versos de este poeta
si la musa le obsequiara un espacio
dentro de sus miríficos latidos,
aquellos sonidos sublimes que iluminan cada rima,
ese sueño que observo desde niño.

Llegaste junto a la brisa de esta primavera
para darle color al boceto de cada verso,
a cada estrella que ilumina mi ventana,
al lienzo que se cubría de telarañas de olvido.

…Y este día ilumina más radiante
y hasta la noche se vestirá hoy de blanco
para que el suspiro anhelado de la musa mía
abrace las rimas de un poeta que vive en sueños.

Vuelan sus latidos cuando sus ojos me hablan,
descansa su angustia cuando siento el perfume de su cabello
y las rimas de aquel poeta no tienen más invierno;
pues, la musa trae veranos en sus sublimes manos.

He sentido la fragancia de su alma
mientras las rimas fabricaban atmósferas surreales,
aquellas que pocas veces se tocan despierto,
como un beso que lleva nuestras almas al infinito.

Llegaste junto a la brisa de esta primavera
para darle color al boceto de cada verso,
a este día que ilumina más radiante,
al latido que vuela cuando tus ojos me hablan en silencio.

Deseo imaginado
(11-12-2016)

Tantos caminos de fragancias anheladas
recorren como vientos coloridos de primavera,
como los pétalos miríficos de una estación sublime
que irradian aromas de paraísos imaginados.

La he imaginado antes de mis sueños surreales y ciertos
venir aquella luz entre susurros matutinos, muy callada,
entre versos y colores exóticos y semejantes,
ese verso traducido en su mirífico rostro.

Tanto sueño ha fabricado los versos de aquel poeta
que dejó el mañana para ver este presente cierto,
para no regresar a ese pasado que sofoca su quieta calma,
a sus métricas encerradas en su libertad absoluta.

…Y va escribiendo aquel pincel en cada fragancia,
en cada matiz que florece en aquella primavera,
en aquellos pétalos que reflejan en mi ventana como luna llena,
para que cuando despierte el alba tenga voz esta poesía.

Hoy se hizo real cada deseo anhelado
y entre la suavidad de sus manos escribo rimas pacientes,
una historia que nació naturalmente, sin excusas,
para que despierte mañana melodías cubiertas de Edén.

…Y guardará el poeta los pasos no dados,
los días aprisionados dentro de los segundos,
los versos que aún no escriben sus manos,
para que florezca un día azul
cuando acaricie el susurro de la musa.

…Y me tropecé con un verso matutino,
en donde conversaba con la tranquilidad de la luna,
donde le decía en versos gráciles e incipientes,
que me regale un mañana junto a la musa mía.

…Y en aquel instante inocente y lúdico,
donde los segundos eran años que medían kilómetros infinitos,
te observé en mis anhelos azules, verdes y coloridos,
en aquel latido bañado de versos y suspiros.

Sentado ahí en ese fresco instante cierto,
te imaginé como un sueño que no se olvida,
te imaginé lejos de mis versos, aún silentes
y ahora entre tus manos despierta aquel poeta,
esta poesía para ver su anhelado sueño.

Sé que este poeta no debe extrañar a su musa;
pero, su corazón le recuerda su nombre, su sonrisa,
su voz sublime que le derrumba sus temores,
su corazón le recuerda su nombre en cada latido cierto.

Volar en nubes
(12-01-2017)

Después de abandonar los instantes tímidos,
caminamos sobre la cima de las blancas nubes
donde los siglos se contraen en instantes sublimes,
donde cada latir secuestra el susurro mío y suyo…

En instantes donde los sueños despiertan
dejan de dormir nuestras ansias y nuestro frenesí
para retratar segundos infinitos en un suspiro inefable,
en un espacio donde siempre la guardo venir paciente.

…Y sentado al lado de las rimas que retraté hace instantes,
en un lugar que fue abrigo de mis padres,
mis latidos dejan de latir para dar sublimes respiros;
para que el pecho de este poeta de sueños
se llene de deseos reales y presentes…

Hoy he sentido su aroma aún distante,
he acariciado aquel susurro aún desconocido,
ese aliento que aún no confía en palabras honestas,
hoy he dejado perder mis temores
para que sus latidos me miren.

Cada instante desconocido se resume en un beso voluntario,
en aquellos paisajes donde sus manos me llevaron,
en el suspiro que acariciaba nuestra mirífica alba,
en su mirar matutino que despiertan mis ansias
de pintar su voz en cada latido.

...Y alcanzó el poeta sentir el sublime buz,
el infinito segundo de cada latido suyo,
la inexistente distancia entre de su alma y la mía;
pudo sentir su nervioso respirar en un lugar mágico y nuestro
junto a las nubes sobre el Puente Calicanto.

Hoy he visto los detalles de su rostro,
esos que caminan distantes,
esos que iluminan cada fonema surreal;
hoy he visto el mañana en sus ojos...

Aunque nunca llegue su fragancia la espero entre versos,
entre el límite del alma y los cautivos latidos,
secretos y transparentes,
como los ojos que me observan
cada vez que pronuncian mis versos,
como el aliento del paisaje
que acompañó nuestros sublimes deseos.

...Y al abrir los ojos, la nitidez de la desértica noche,
alejó a la fragancia de la musa mía,
como un sismo, que derrumbó los latidos de aquel poeta
y dejó sin alma a las columnas de cada verso
y sin aliento a las rimas asonantes y consonantes
que abrigó en cada trazo llamado esperanza.

He de volar sin rumbos marcados
buscando horizontes azules y claros,
he de soñar sin necesidad de cerrar estos ojos
saturados de ignorancia,
he de estar de pie al borde del silencio,
entre el ruido de los matices y versos,
he de olvidar que no puedo ir al mañana
porque estoy atado a este presente.

...Y se va aclarando el cielo
que estaba cubierto de blancas nubles
y me hacen ver que debo volar al horizonte soñado,
aunque me rompa las alas;
pues, cuando el amor vive un instante,
cuando la ilusión huye a pasos de guepardo fugitivo;
es mejor dejar volar los latidos para que no se ahoguen.

Mujer
(08-03-2017)

Mientras el caos nos aprisiona, irradias tranquilidad,
Uniendo cada horizonte de distintos pensamientos,
Juntando en cada regazo la luz y la paz que necesitamos,
Esos momentos que no solemos ver sin su presencia.
Recuerdo hoy que es por ti que este cosmo es azul.

Lodo
(19-03-2017)

¡Hay hermanos!, quítense las piernas para no observar de pie,
los ojos para no huir de la realidad que no es surreal y ajena;
sino, de ellos y nuestra;
¡hay hermanos!,
tomemos nuestras sillas de ruedas y vayamos a ayudar.

Sublime calma
(13-05-2017)

Me levanté de un sueño que he observado despierto,
al sentir a la sublime suavidad de sus nítidos labios,
y me ha regresado al sueño que vislumbre de niño
y pude ver ahí que ella es la musa que en estos días quiero.

Entre los pasos que dan estos días contemporáneos
su fragancia me transporta a los días del romanticismo
para retratarla en un lienzo que admite lo sublime,
en una pieza de papel limpia que me guardó
el más romántico poeta.

Ayer vi despertar a la radiante luna, muy seductora;
más hoy, aquella figura fue cubierta de repentino olvido,
nada es más nítido e indeleble que su inefable sonrisa,
todo es tan infinito y sublime
cuando me aprisionan sus brazos.

¿Qué tanto hay de real? me preguntan mis dudas, ¿será falsía?
me cuestionan los días que pasaron (los desdichados);
pero, el temblor infinito
de su pecho junto al mío me brinda calma,
resuelven preguntas y destierran las dudas
en estos versos y en los venideros…

He visto en sus ojos los días anhelados,
esos que han contemplado cada rincón de mis sentimientos,
aquel lugar donde se refugian mis latidos
y las ha escuchado tan de cerca que sintió que ya son suyos.

Y revelo ocultando en cada verso consonante,
vistiendo de matices en cada melodía sincera de estas rimas,
en estas grafías engendradas por su fragancia primaveral
que la deseo y quiero tal cual la vi llegar a mi cosmo…

Cada fragmento de su ser es un verso preferido,
un sinfín de matices que admiro y quiero,
es la más valiosa melodía encarnada de mujer,
es la mujer que dio aliento a la musa mía.

Adelantar el ayer
(12-06-2017)

Mañana te vi venir
saturada de calma hambrienta
junto al futuro día llena de estrecha gula,
ausente de cristales que se iluminan angustiantes.

Anoche te sentí en transparencia plena
cuando mis ojos se cerraron para despertarme
y me detuve para no volver con prisa lenta,
para observar la realidad que quizás no exista.

Mañana te vi venir
tan abundante de involuntad de no amar,
como una lluvia que ruega por un sofocante desierto,
como las primaveras que desean decorar congelantes inviernos.

Mañana te vi venir,
ayer desearé esperarte repleto de calma,
nada es iluso si no es antes realidad,
como el vacío que se congeló al tocarte mañana.

Mañana te vi venir,
ayer desearé esta transparencia tuya,
nada estuvo saturado de tanta luz
hasta que mi razón sintió tus deseos
de guardar tu amar en este día.

Acerca del autor

Héctor Vásquez Núñez
Uchiza, Perú.
Escritor | Artista Plástico. Diseñador Gráfico y Fotógrafo.

En el año 2003, con 17 años de edad comienza a realizar sus primeras composiciones poéticas. Tiene fascinación, gran admiración y apego hacia la tendencia surrealista.

El 2013, ingresa a la universidad César Vallejo (Lima-Perú) donde realiza sus estudios en Artes y Diseño Gráfico. En ese mismo año participa en un concurso de poesía organizado por la universidad, en donde logra ocupar el segundo lugar.

En el año 2019, termina su carrera universitaria logrando así licenciarse como artista y diseñador gráfico.

El 2020, presenta su primera colección de poemas en este libro intimista y personal, **"Espinas de adolescencia"**. Es su primera obra, siendo muy bien acogida por el público amante de la poesía, el amor y los versos.

Actualmente, prepara la publicación de su segundo libro "Química surreal", el cual, es también un poemario de tendencia surrealista y romántica.

Web: http://hectorvasquezweb.wixsite.com/poemas
Faccbook: https://www.facebook.com/hectorvn.pe/
Twitter: https://twitter.com/hectorvn3
E-mail: hector.vasquez.web@gmail.com